The Book of
HITORI

	4			6	5		7
5	3	6	7			7	5
2		7			4	6	
	1	5	2	7		4	5
1	7			4		1	6
4			2	5	7		1
	5	4			2	3	

Dr Gareth Moore is the author of a wide range of puzzle books for both adults and children. He gained his PhD at Cambridge University in the field of machine intelligence, later using his experience in computer software research and development to help him produce the first book of Kakuro puzzles published in the UK. He has a wide range of media interests and also works on several puzzle and other websites, including www.dokakuro.com, www.dosudoku.com and www.dohanjie.com.

Other titles by the same author: *The Book of Kakuro*, *The Book of Japanese Puzzles*, *The Book of Hanjie*, *Quick Kakuro*, *The 10-Minute Brain Workout*, *The Kids' Book of Number Puzzles*, *The Kids' Book of Sudoku: Challenge Edition*, *The Kids' Book of Hanjie* and *The Kids' Book of Kakuro*.

The Book of
HITORI
And How To Solve It

GARETH MOORE

Michael O'Mara Books Limited

First published in 2006 by
Michael O'Mara Books Limited
9 Lion Yard
Tremadoc Road
London SW4 7NQ

A CIP catalogue record for this book is available from the
British Library.

ISBN (10 digit): 1-84317-220-8
ISBN (13 digit): 978-1-84317-220-8

1 3 5 7 9 10 8 6 4 2

www.mombooks.com

www.hitori.org.uk
www.dosudoku.com
www.dokakuro.com
www.dohanjie.com

Designed and typeset by www.glensaville.com

Printed and bound in Great Britain by
Cox & Wyman, Reading, Berks

INTRODUCTION

Hailed by some as the spiritual successor to Sudoku, Hitori is a Japanese number puzzle that turns Sudoku on its head. Instead of adding numbers to a grid, in Hitori the grid starts off completely full and then numbers are eliminated. Like Sudoku, numbers cannot be repeated in rows or columns. Little wonder, then, that in Japanese *hitori* means 'alone'.

THE RULES OF HITORI

Hitori puzzles are square grids filled with numbers. They can be almost any size, but most are larger than this 4x4 example:

1	1	1	2
2	3	1	4
2	2	4	3
3	4	3	1

The rules of Hitori are simple:

- Shade in squares so that no number occurs more than once in any one row or column

- Shaded 'black' squares must be placed so that they do not touch any other black squares in either a horizontal or vertical direction (diagonals are allowed)

- Unshaded 'white' squares must form a single continuous area, so you can get from any white square to any other simply by moving horizontally or vertically between adjacent white squares

Note that, unlike Sudoku, you do not need to make sure every number appears in each row and column – in fact it would be impossible to do this. When a number appears only once in a row or column, you *cannot* simply assume that it must be white.

SOLVING AN EXAMPLE PUZZLE

Working through the example puzzle on the previous page should help to clarify the rules and explain how Hitori puzzles are solved.

On the top row there are three '1's:

A number cannot be repeated in a row or column, so only one of these can be left white – the other two must be black squares. The rules don't allow black squares to touch in a horizontal or vertical direction, so there is only one possible solution to these three squares:

The two '1's identified as black squares can then be shaded in on the puzzle. Since black squares cannot touch, the squares next to these '1's must be white. It's useful to label squares that are known to be white. An easy way to do this is to draw a circle around the figures in them:

1	①	1	②
②	3	①	4
2	2	4	3
3	4	3	1

At this point two more squares can immediately be circled to mark them as 'definitely white'. The '3' on the second row must be white, because if it was black then the circled '1' in the square above would be sealed off into an area of its own. This would breach the rule that all white squares must form a single continuous area. The same also applies to the '4' square on the second row, which must be white so as not to seal off the circled '2' above.

The '2' at the start of the third row must be black, because there is already a white '2' in this column and a number cannot be repeated. Shading in this square, and then placing the required white squares next to it, gives the following:

As the '3' in the bottom-left corner is white, the other '3' on the bottom row must be black because a number cannot be repeated on a row. This square can now be shaded in and the squares next to it marked as white:

Only one square is now left unsolved. This remaining square cannot be black, because if it was the white '1' below would be sealed off in a disconnected area. So it must be white. The puzzle is now complete:

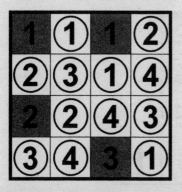

All the Hitori puzzles in this book have only one solution, which can always be reached purely by logical reasoning, as in the example given.

SOLVING TIPS

As you become more familiar with Hitori, you will start to spot recurring patterns that can help you along the way. Much of the fun of Hitori is in working out these various techniques that can be used to help solve the puzzles, so you might prefer *not* to read the following section until you are completely stuck.

Pattern 1

Whenever you see three identical numbers in a row, there is only ever one solution:

Pattern 2

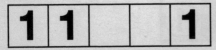

When two identical numbers appear immediately next to one another, one of the two must be white. If this was not the case then two black squares would be touching, which would break the rules. Therefore, any other squares of the same value in that row or column must be black:

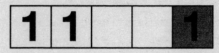

Pattern 3

Whenever a number is sandwiched between two identical numbers, that central square cannot be black: if it was, then both squares next to it would have to be white. If both adjacent squares *were* white, then a number would be repeated in that row or column. So the central square must be white:

Pattern 4

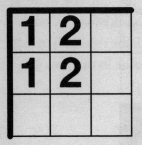

The corner of the grid is a special case, because squares are more likely to get sealed off due to the edges. In the pattern above, the top-left square cannot be white, because if it was then the two squares next to it would both be black – try testing this out on the grid if it's not clear why. Therefore the top-left square must be black:

Pattern 5

The edges of the grid, just like the corners, can also be special cases due to the need to ensure all white squares are connected to one another. In this example, the top-centre '2' cannot be white, for similar reasons to Pattern 4. The solution must be the following:

Pattern 6

In the pattern on the left, a white '2' square is enclosed on two sides by black squares. One of the squares on its other two sides must be white, otherwise the white '2' would be sealed in. If both of the adjacent unknown squares contain the same number, as in this example, then since one of them must be white, all other squares with that value in the same row or column must be black. The result for this example is shown on the right.

Another thing to note is that because one of the two unknown squares adjacent to the circled '2' must be white, the other adjacent square must be black, since they have the same value. In other words, in the vertical '121' in this example, one of the '1' squares must be black. This means that no matter what the solution to the grid is, the white area must be discontinuous across these three squares. When working out which areas can connect to one another, the '2' can be thought of as a 'virtual' black square, since there can be no way past it. This can be very important when solving other parts of the grid, since often the only way to proceed is based on knowledge of which areas would be sealed off if a square was made black.

ABOUT THE PUZZLES
IN THIS BOOK

The puzzles in this book are broken down into five levels of increasing difficulty, with each level requiring new skills to solve all of its puzzles successfully. There is also a range of sizes, with the harder levels having more large puzzles than the earlier levels. Larger puzzles are not necessarily harder than smaller puzzles, but they do take longer to solve. To make the puzzles as clear as possible, when the Hitori grids need numbers greater than '9', they use 'A', 'B', 'C' and so on instead of '10', '11', '12'. This makes it easier to scan the grid with your eyes when solving the larger puzzles – it doesn't affect how the puzzle works, however. Just treat each letter as if it was a number; so you can't repeat either letters or numbers in the same row or column.

If you get really stuck on a puzzle, have a look at the solutions at the back of the book – sometimes working out why the black squares *are* black can help you see what the next logical move is. It can also help to highlight 'obvious' black squares that you've omitted to shade in. Alternatively, you could consult the full step-by-step solutions to each puzzle that are given on the author's website, www.hitori.org.uk.

Good luck!

Level 1 • Puzzle 1

Tip:

If you can't work out how to start on this puzzle,
try applying Pattern 3 from the Solving Tips
section in the Introduction.

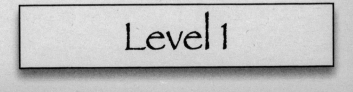

Level 1

4	2	1	2
1	4	4	3
3	2	4	1
2	2	3	2

1	4	5	4	4
3	2	1	4	5
4	1	3	5	3
3	3	1	1	2
5	1	2	3	3

1	5	2	4	3
2	5	1	5	4
3	2	3	4	3
5	1	3	1	2
3	3	4	2	4

1	2	3	5	1
3	1	4	2	5
4	3	3	1	3
5	5	1	2	4
5	4	3	3	3

5	2	2	3	1	3
2	3	1	4	6	2
4	2	6	5	3	1
3	5	4	6	5	4
4	6	3	5	2	1
1	2	4	3	4	6

2	1	1	4	3	3
3	2	1	3	6	4
1	5	6	5	2	3
6	4	1	2	5	3
6	6	2	6	4	3
4	3	1	5	1	2

1	4	2	5	5	6
6	3	2	5	2	6
4	5	6	1	1	3
6	2	5	4	6	6
6	1	3	1	1	4
2	6	5	3	4	3

2	1	2	5	2	3
1	6	5	6	3	2
4	5	4	1	2	1
6	4	3	2	1	5
3	5	2	4	5	4
4	3	1	4	5	6

1	3	5	6	5	4
3	5	6	2	1	3
4	1	5	3	5	6
5	1	3	2	6	2
4	6	5	5	4	1
6	2	4	2	5	2

5	1	5	6	5	4
6	5	3	2	4	5
6	3	4	4	1	2
1	2	6	2	3	5
2	6	4	5	5	1
4	2	2	2	6	3

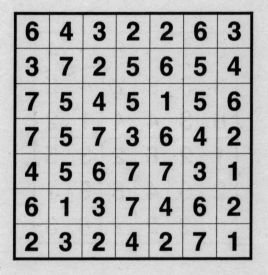

3	2	4	1	1	4	4
1	3	7	2	4	5	6
3	7	1	4	1	3	1
7	3	4	6	3	5	2
4	5	1	2	6	7	7
3	6	3	7	6	1	4
4	1	2	5	7	3	3

2	4	6	7	6	5	6
4	6	3	3	1	7	4
5	2	1	3	4	7	6
4	1	2	1	5	2	3
3	5	3	4	3	1	3
4	1	7	1	3	2	5
1	3	5	2	4	6	4

4	2	3	6	4	5	4
5	5	2	5	3	3	1
2	7	3	4	6	1	3
4	6	7	1	5	2	5
4	5	3	2	7	1	6
6	5	4	7	2	3	2
4	3	1	3	2	4	2

2	7	3	5	3	2	3
3	2	7	6	4	7	1
5	3	7	1	2	4	2
6	4	2	6	7	5	1
1	5	6	4	6	3	7
6	5	4	2	1	7	1
2	6	5	6	3	6	4

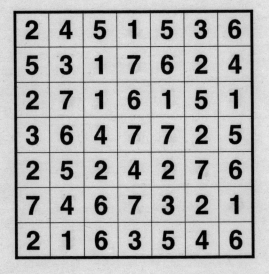

2	4	5	1	5	3	6
5	3	1	7	6	2	4
2	7	1	6	1	5	1
3	6	4	7	7	2	5
2	5	2	4	2	7	6
7	4	6	7	3	2	1
2	1	6	3	5	4	6

7	6	1	3	4	1	2
3	5	6	2	1	7	7
7	4	3	5	3	6	3
5	2	4	7	6	7	1
6	2	6	1	6	3	4
4	7	1	7	5	2	7
6	1	6	4	3	7	6

1	3	2	6	5	3	6
6	6	7	1	2	4	3
2	5	4	5	1	6	7
6	4	6	2	6	1	3
5	5	1	5	4	6	2
6	2	3	7	7	5	7
4	5	6	5	3	7	1

5	5	1	2	4	4	6
5	1	6	4	6	3	7
7	5	2	3	4	1	6
5	7	6	1	2	7	4
4	2	3	2	5	6	1
2	3	6	5	7	4	2
1	6	6	7	1	2	1

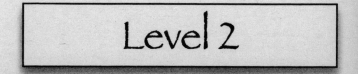

Level 2

3	3	2	7	6	1	7
1	4	1	6	5	2	3
3	3	7	3	6	3	1
4	2	5	1	7	6	7
2	5	6	5	3	7	4
1	6	1	2	5	4	5
6	5	3	5	1	7	7

4	5	7	5	1	6	6
1	6	4	7	3	5	4
2	4	1	4	5	4	6
6	4	5	1	3	2	7
3	2	2	2	4	1	5
7	2	3	6	3	4	3
6	7	6	2	3	1	3

1	1	4	7	7	6	3
1	6	1	3	5	7	4
7	4	2	6	1	4	5
4	2	4	1	5	6	7
2	5	6	5	4	1	7
4	3	5	7	6	6	2
2	7	5	5	5	3	1

7	6	7	3	7	4	3
3	6	6	1	7	5	2
5	2	4	4	3	1	6
1	3	7	5	6	2	4
2	4	2	5	2	7	1
6	3	1	5	4	6	7
4	7	5	6	1	2	3

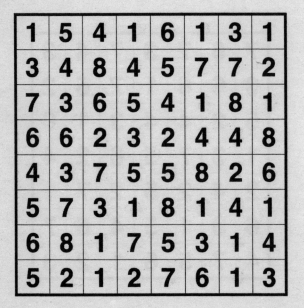

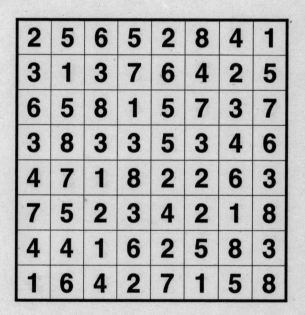

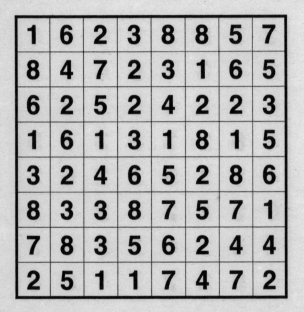

1	7	8	3	2	6	5	6
2	4	6	1	5	1	3	8
8	8	7	6	5	3	2	5
4	6	2	1	8	7	7	3
4	8	3	5	3	1	6	3
6	2	4	2	7	2	1	2
2	3	3	4	3	8	6	7
6	5	3	7	1	4	8	6

3	1	7	3	4	8	8	5
2	6	4	6	5	6	1	3
7	3	7	4	7	6	8	6
4	5	6	6	8	2	8	1
5	8	7	5	2	6	3	6
1	5	3	6	6	7	4	8
3	4	2	1	2	5	2	7
8	2	1	6	3	7	5	2

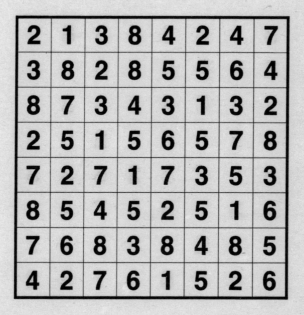

8	1	6	4	6	3	6	2
4	8	2	4	5	6	7	4
5	7	6	6	3	4	3	1
4	1	3	7	2	6	8	5
6	2	4	1	3	5	3	3
2	3	7	3	1	7	4	5
1	5	4	2	3	8	1	7
7	6	8	5	4	1	3	2

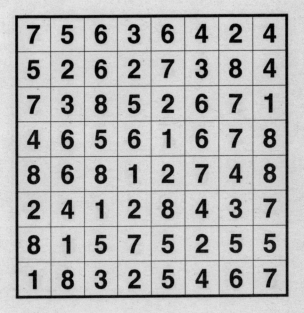

7	2	3	6	3	5	3	4
6	1	8	4	7	6	5	8
7	5	6	1	2	8	6	3
5	4	7	4	4	1	2	8
7	8	6	3	2	1	4	1
4	3	3	8	1	2	6	7
7	6	5	2	5	4	8	1
8	3	2	8	5	7	3	6

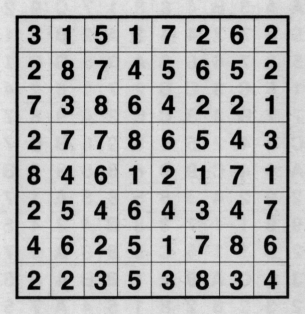

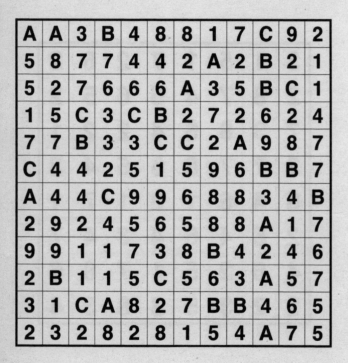

A	A	3	B	4	8	8	1	7	C	9	2
5	8	7	7	4	4	2	A	2	B	2	1
5	2	7	6	6	6	A	3	5	B	C	1
1	5	C	3	C	B	2	7	2	6	2	4
7	7	B	3	3	C	C	2	A	9	8	7
C	4	4	2	5	1	5	9	6	B	B	7
A	4	4	C	9	9	6	8	8	3	4	B
2	9	2	4	5	6	5	8	8	A	1	7
9	9	1	1	7	3	8	B	4	2	4	6
2	B	1	1	5	C	5	6	3	A	5	7
3	1	C	A	8	2	7	B	B	4	6	5
2	3	2	8	2	8	1	5	4	A	7	5

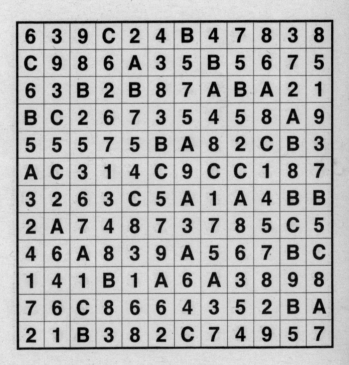

6	3	9	C	2	4	B	4	7	8	3	8
C	9	8	6	A	3	5	B	5	6	7	5
6	3	B	2	B	8	7	A	B	A	2	1
B	C	2	6	7	3	5	4	5	8	A	9
5	5	5	7	5	B	A	8	2	C	B	3
A	C	3	1	4	C	9	C	C	1	8	7
3	2	6	3	C	5	A	1	A	4	B	B
2	A	7	4	8	7	3	7	8	5	C	5
4	6	A	8	3	9	A	5	6	7	B	C
1	4	1	B	1	A	6	A	3	8	9	8
7	6	C	8	6	6	4	3	5	2	B	A
2	1	B	3	8	2	C	7	4	9	5	7

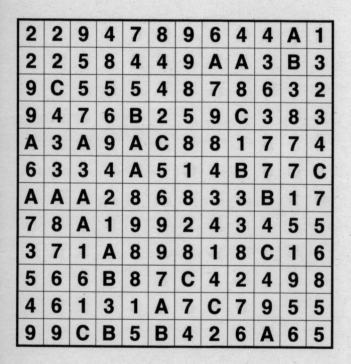

2	2	9	4	7	8	9	6	4	4	A	1
2	2	5	8	4	4	9	A	A	3	B	3
9	C	5	5	5	4	8	7	8	6	3	2
9	4	7	6	B	2	5	9	C	3	8	3
A	3	A	9	A	C	8	8	1	7	7	4
6	3	3	4	A	5	1	4	B	7	7	C
A	A	A	2	8	6	8	3	3	B	1	7
7	8	A	1	9	9	2	4	3	4	5	5
3	7	1	A	8	9	8	1	8	C	1	6
5	6	6	B	8	7	C	4	2	4	9	8
4	6	1	3	1	A	7	C	7	9	5	5
9	9	C	B	5	B	4	2	6	A	6	5

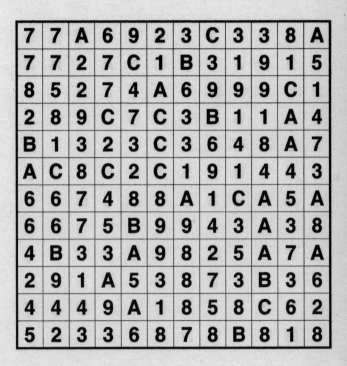

7	7	A	6	9	2	3	C	3	3	8	A
7	7	2	7	C	1	B	3	1	9	1	5
8	5	2	7	4	A	6	9	9	9	C	1
2	8	9	C	7	C	3	B	1	1	A	4
B	1	3	2	3	C	3	6	4	8	A	7
A	C	8	C	2	C	1	9	1	4	4	3
6	6	7	4	8	8	A	1	C	A	5	A
6	6	7	5	B	9	9	4	3	A	3	8
4	B	3	3	A	9	8	2	5	A	7	A
2	9	1	A	5	3	8	7	3	B	3	6
4	4	4	9	A	1	8	5	8	C	6	2
5	2	3	3	6	8	7	8	B	8	1	8

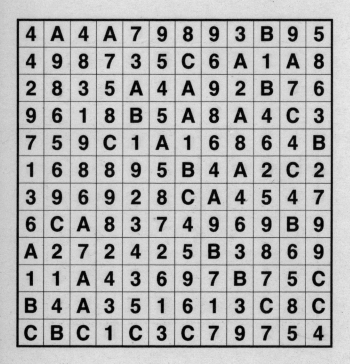

4	A	4	A	7	9	8	9	3	B	9	5
4	9	8	7	3	5	C	6	A	1	A	8
2	8	3	5	A	4	A	9	2	B	7	6
9	6	1	8	B	5	A	8	A	4	C	3
7	5	9	C	1	A	1	6	8	6	4	B
1	6	8	8	9	5	B	4	A	2	C	2
3	9	6	9	2	8	C	A	4	5	4	7
6	C	A	8	3	7	4	9	6	9	B	9
A	2	7	2	4	2	5	B	3	8	6	9
1	1	A	4	3	6	9	7	B	7	5	C
B	4	A	3	5	1	6	1	3	C	8	C
C	B	C	1	C	3	C	7	9	7	5	4

6	1	6	4	6	3	5	8
7	2	8	7	1	5	6	3
5	4	4	1	4	7	3	2
1	8	7	1	2	1	5	3
5	5	3	2	3	8	1	7
8	6	1	6	7	1	4	3
4	7	3	8	4	6	3	5
2	4	3	6	5	4	7	4

Level 3

3	5	6	2	6	8	7	1
6	1	5	3	4	2	8	2
2	2	7	8	5	6	5	7
8	1	7	4	2	2	6	4
3	7	5	1	6	4	6	5
5	5	3	6	7	2	1	4
4	6	2	3	3	1	3	8
6	4	8	5	8	2	3	2

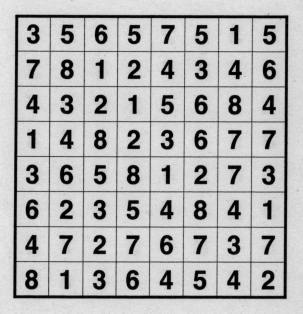

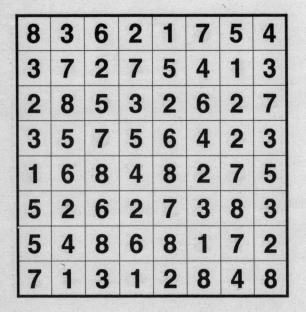

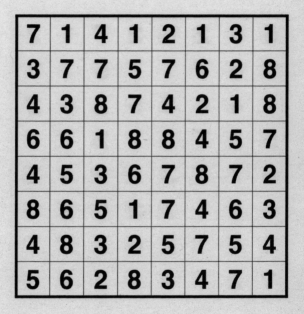

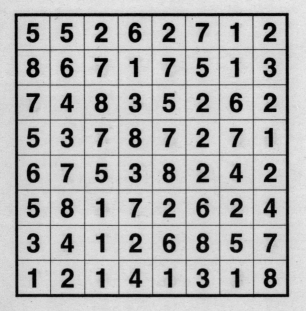

6	7	1	7	8	5	4	3
2	6	3	3	7	3	8	1
3	6	5	6	1	8	7	3
6	2	6	1	3	4	6	8
1	5	7	6	4	6	2	3
6	4	6	8	3	6	1	8
8	5	4	5	6	7	5	2
4	8	3	5	3	1	3	7

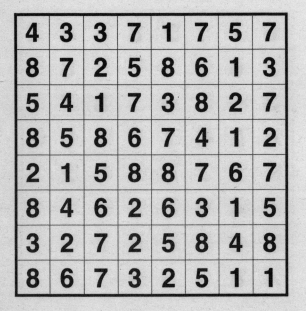

4	3	3	7	1	7	5	7
8	7	2	5	8	6	1	3
5	4	1	7	3	8	2	7
8	5	8	6	7	4	1	2
2	1	5	8	8	7	6	7
8	4	6	2	6	3	1	5
3	2	7	2	5	8	4	8
8	6	7	3	2	5	1	1

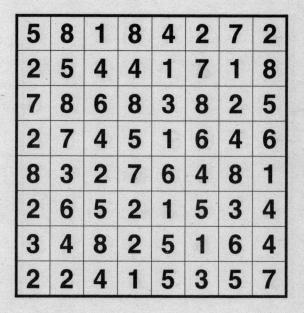

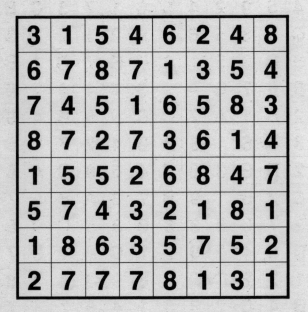

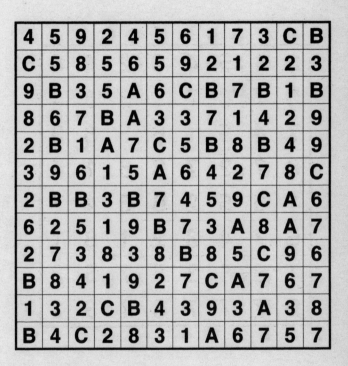

4	5	9	2	4	5	6	1	7	3	C	B
C	5	8	5	6	5	9	2	1	2	2	3
9	B	3	5	A	6	C	B	7	B	1	B
8	6	7	B	A	3	3	7	1	4	2	9
2	B	1	A	7	C	5	B	8	B	4	9
3	9	6	1	5	A	6	4	2	7	8	C
2	B	B	3	B	7	4	5	9	C	A	6
6	2	5	1	9	B	7	3	A	8	A	7
2	7	3	8	3	8	B	8	5	C	9	6
B	8	4	1	9	2	7	C	A	7	6	7
1	3	2	C	B	4	3	9	3	A	3	8
B	4	C	2	8	3	1	A	6	7	5	7

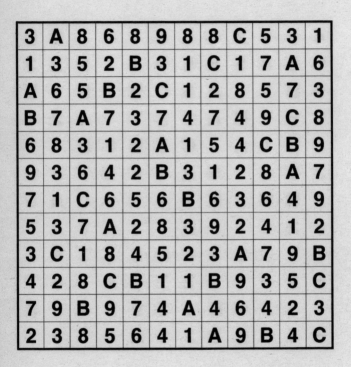

3	A	8	6	8	9	8	8	C	5	3	1
1	3	5	2	B	3	1	C	1	7	A	6
A	6	5	B	2	C	1	2	8	5	7	3
B	7	A	7	3	7	4	7	4	9	C	8
6	8	3	1	2	A	1	5	4	C	B	9
9	3	6	4	2	B	3	1	2	8	A	7
7	1	C	6	5	6	B	6	3	6	4	9
5	3	7	A	2	8	3	9	2	4	1	2
3	C	1	8	4	5	2	3	A	7	9	B
4	2	8	C	B	1	1	B	9	3	5	C
7	9	B	9	7	4	A	4	6	4	2	3
2	3	8	5	6	4	1	A	9	B	4	C

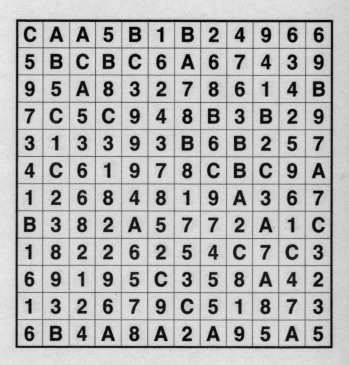

C	A	A	5	B	1	B	2	4	9	6	6
5	B	C	B	C	6	A	6	7	4	3	9
9	5	A	8	3	2	7	8	6	1	4	B
7	C	5	C	9	4	8	B	3	B	2	9
3	1	3	3	9	3	B	6	B	2	5	7
4	C	6	1	9	7	8	C	B	C	9	A
1	2	6	8	4	8	1	9	A	3	6	7
B	3	8	2	A	5	7	7	2	A	1	C
1	8	2	2	6	2	5	4	C	7	C	3
6	9	1	9	5	C	3	5	8	A	4	2
1	3	2	6	7	9	C	5	1	8	7	3
6	B	4	A	8	A	2	A	9	5	A	5

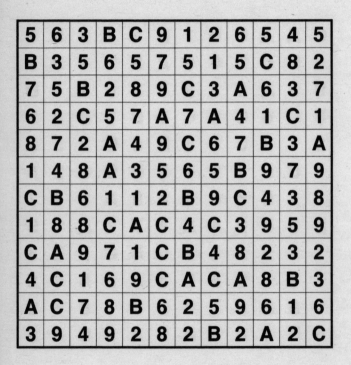

5	6	3	B	C	9	1	2	6	5	4	5
B	3	5	6	5	7	5	1	5	C	8	2
7	5	B	2	8	9	C	3	A	6	3	7
6	2	C	5	7	A	7	A	4	1	C	1
8	7	2	A	4	9	C	6	7	B	3	A
1	4	8	A	3	5	6	5	B	9	7	9
C	B	6	1	1	2	B	9	C	4	3	8
1	8	8	C	A	C	4	C	3	9	5	9
C	A	9	7	1	C	B	4	8	2	3	2
4	C	1	6	9	C	A	C	A	8	B	3
A	C	7	8	B	6	2	5	9	6	1	6
3	9	4	9	2	8	2	B	2	A	2	C

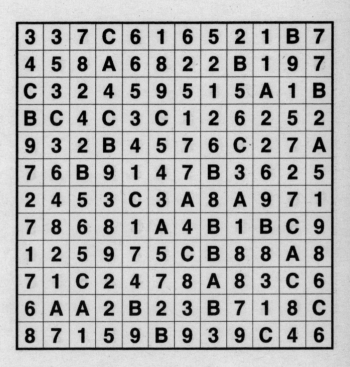

3	3	7	C	6	1	6	5	2	1	B	7
4	5	8	A	6	8	2	2	B	1	9	7
C	3	2	4	5	9	5	1	5	A	1	B
B	C	4	C	3	C	1	2	6	2	5	2
9	3	2	B	4	5	7	6	C	2	7	A
7	6	B	9	1	4	7	B	3	6	2	5
2	4	5	3	C	3	A	8	A	9	7	1
7	8	6	8	1	A	4	B	1	B	C	9
1	2	5	9	7	5	C	B	8	8	A	8
7	1	C	2	4	7	8	A	8	3	C	6
6	A	A	2	B	2	3	B	7	1	8	C
8	7	1	5	9	B	9	3	9	C	4	6

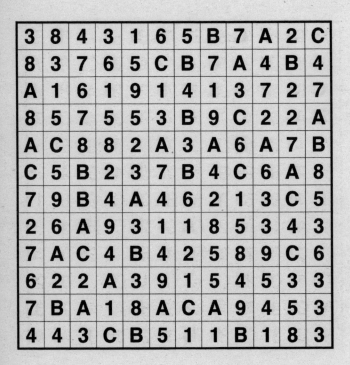

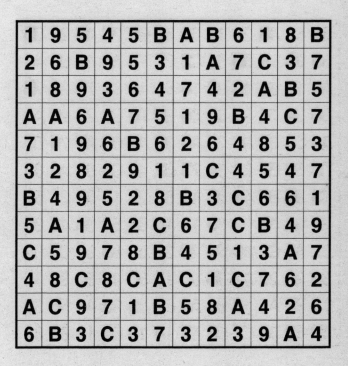

1	9	5	4	5	B	A	B	6	1	8	B
2	6	B	9	5	3	1	A	7	C	3	7
1	8	9	3	6	4	7	4	2	A	B	5
A	A	6	A	7	5	1	9	B	4	C	7
7	1	9	6	B	6	2	6	4	8	5	3
3	2	8	2	9	1	1	C	4	5	4	7
B	4	9	5	2	8	B	3	C	6	6	1
5	A	1	A	2	C	6	7	C	B	4	9
C	5	9	7	8	B	4	5	1	3	A	7
4	8	C	8	C	A	C	1	C	7	6	2
A	C	9	7	1	B	5	8	A	4	2	6
6	B	3	C	3	7	3	2	3	9	A	4

Level 3 • Puzzle 58

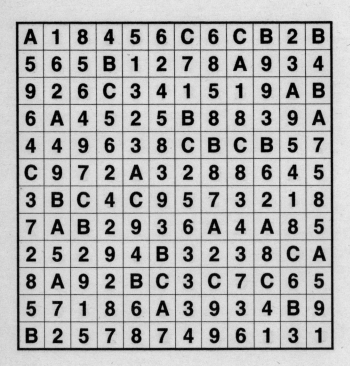

A	1	8	4	5	6	C	6	C	B	2	B
5	6	5	B	1	2	7	8	A	9	3	4
9	2	6	C	3	4	1	5	1	9	A	B
6	A	4	5	2	5	B	8	8	3	9	A
4	4	9	6	3	8	C	B	C	B	5	7
C	9	7	2	A	3	2	8	8	6	4	5
3	B	C	4	C	9	5	7	3	2	1	8
7	A	B	2	9	3	6	A	4	A	8	5
2	5	2	9	4	B	3	2	3	8	C	A
8	A	9	2	B	C	3	C	7	C	6	5
5	7	1	8	6	A	3	9	3	4	B	9
B	2	5	7	8	7	4	9	6	1	3	1

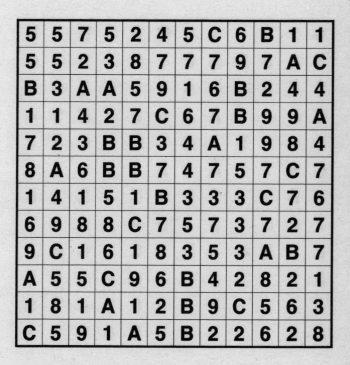

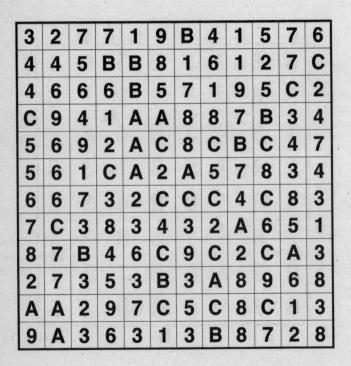

8	8	2	7	8	3	6	1
3	8	4	5	1	2	7	6
1	5	7	3	6	4	2	7
2	4	7	5	3	1	3	8
1	3	6	8	2	4	5	6
7	5	5	1	6	6	2	3
3	2	7	6	5	7	8	7
6	7	1	4	4	8	2	5

Level 4

8	1	5	7	8	4	2	3
7	7	6	8	2	5	3	1
3	4	3	6	3	7	3	5
6	7	3	8	7	5	4	1
5	7	8	1	6	2	3	4
5	8	4	2	5	3	7	6
2	3	2	4	1	6	1	7
4	5	1	5	8	5	6	5

4	3	7	6	2	2	4	5
7	8	4	2	4	6	3	3
3	4	1	7	5	2	6	8
3	7	3	1	3	2	8	3
6	4	5	7	8	3	8	2
8	1	8	5	6	2	2	4
5	2	5	8	1	4	1	7
1	1	6	4	7	2	5	4

3	7	8	4	6	2	1	2
8	4	1	5	2	5	6	6
7	3	2	8	1	6	3	5
3	8	3	5	4	1	7	1
5	2	7	2	1	3	3	8
4	1	3	7	5	4	8	6
2	6	4	6	8	8	6	3
8	6	3	1	7	1	4	1

8	4	2	4	3	3	7	3
2	1	6	6	4	5	4	7
8	4	5	3	7	3	1	3
5	8	6	2	3	7	4	1
4	8	1	8	2	8	3	4
6	7	6	5	3	1	8	2
3	1	7	1	8	1	5	4
6	5	3	3	6	4	6	8

8	7	5	6	2	5	1	4
2	6	3	5	1	4	4	8
2	1	2	2	8	6	7	3
7	6	6	4	1	3	8	5
3	6	1	3	7	2	5	3
4	5	4	8	4	1	6	7
1	6	7	3	5	2	4	2
6	4	6	7	3	5	3	1

1	2	5	2	7	8	3	8
4	8	7	2	5	6	4	3
6	1	8	1	4	1	2	1
4	5	6	3	1	1	4	7
7	1	4	2	2	5	8	3
4	6	1	7	1	3	1	4
3	4	1	2	8	5	6	5
4	7	3	8	3	2	4	6

8	1	2	8	5	8	6	3
5	2	6	3	4	7	5	4
3	8	1	8	6	8	5	7
6	4	6	2	3	3	7	1
7	8	2	4	1	8	3	5
8	5	8	1	8	4	7	6
4	7	3	5	2	5	8	5
8	3	4	6	4	2	4	8

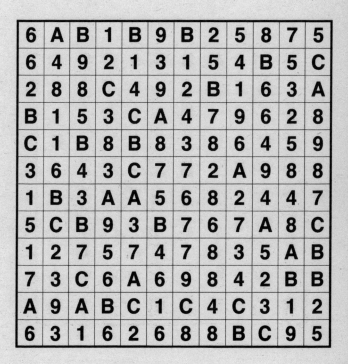

6	A	B	1	B	9	B	2	5	8	7	5
6	4	9	2	1	3	1	5	4	B	5	C
2	8	8	C	4	9	2	B	1	6	3	A
B	1	5	3	C	A	4	7	9	6	2	8
C	1	B	8	B	8	3	8	6	4	5	9
3	6	4	3	C	7	7	2	A	9	8	8
1	B	3	A	A	5	6	8	2	4	4	7
5	C	B	9	3	B	7	6	7	A	8	C
1	2	7	5	7	4	7	8	3	5	A	B
7	3	C	6	A	6	9	8	4	2	B	B
A	9	A	B	C	1	C	4	C	3	1	2
6	3	1	6	2	6	8	8	B	C	9	5

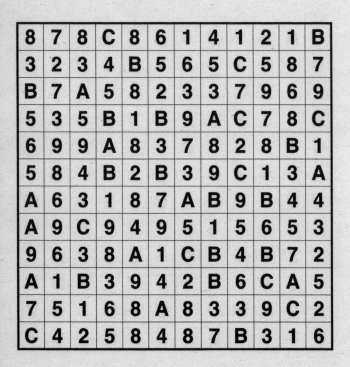

8	7	8	C	8	6	1	4	1	2	1	B
3	2	3	4	B	5	6	5	C	5	8	7
B	7	A	5	8	2	3	3	7	9	6	9
5	3	5	B	1	B	9	A	C	7	8	C
6	9	9	A	8	3	7	8	2	8	B	1
5	8	4	B	2	B	3	9	C	1	3	A
A	6	3	1	8	7	A	B	9	B	4	4
A	9	C	9	4	9	5	1	5	6	5	3
9	6	3	8	A	1	C	B	4	B	7	2
A	1	B	3	9	4	2	B	6	C	A	5
7	5	1	6	8	A	8	3	3	9	C	2
C	4	2	5	8	4	8	7	B	3	1	6

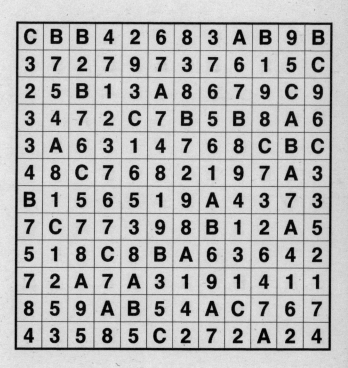

C	B	B	4	2	6	8	3	A	B	9	B
3	7	2	7	9	7	3	7	6	1	5	C
2	5	B	1	3	A	8	6	7	9	C	9
3	4	7	2	C	7	B	5	B	8	A	6
3	A	6	3	1	4	7	6	8	C	B	C
4	8	C	7	6	8	2	1	9	7	A	3
B	1	5	6	5	1	9	A	4	3	7	3
7	C	7	7	3	9	8	B	1	2	A	5
5	1	8	C	8	B	A	6	3	6	4	2
7	2	A	7	A	3	1	9	1	4	1	1
8	5	9	A	B	5	4	A	C	7	6	7
4	3	5	8	5	C	2	7	2	A	2	4

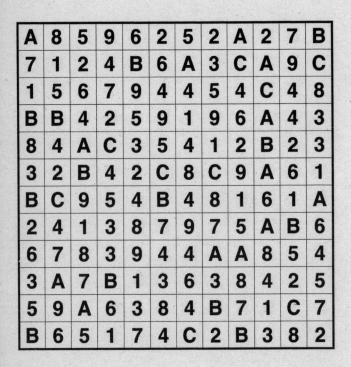

A	8	5	9	6	2	5	2	A	2	7	B
7	1	2	4	B	6	A	3	C	A	9	C
1	5	6	7	9	4	4	5	4	C	4	8
B	B	4	2	5	9	1	9	6	A	4	3
8	4	A	C	3	5	4	1	2	B	2	3
3	2	B	4	2	C	8	C	9	A	6	1
B	C	9	5	4	B	4	8	1	6	1	A
2	4	1	3	8	7	9	7	5	A	B	6
6	7	8	3	9	4	4	A	A	8	5	4
3	A	7	B	1	3	6	3	8	4	2	5
5	9	A	6	3	8	4	B	7	1	C	7
B	6	5	1	7	4	C	2	B	3	8	2

1	B	9	A	9	2	4	7	6	5	C	8
1	5	4	2	3	1	8	C	5	9	7	9
6	5	7	9	C	9	1	8	A	4	2	3
5	C	C	1	4	B	9	6	9	8	3	9
5	A	6	8	5	8	2	8	9	1	9	4
B	6	A	C	4	7	3	7	1	8	5	2
C	8	1	3	6	A	2	4	9	7	6	B
B	6	5	6	2	4	C	C	3	A	8	9
3	2	1	5	1	C	1	A	4	9	4	7
6	1	8	6	B	4	7	C	C	A	A	9
2	3	A	7	A	6	A	5	1	B	1	A
2	4	2	B	7	5	B	9	8	3	3	C

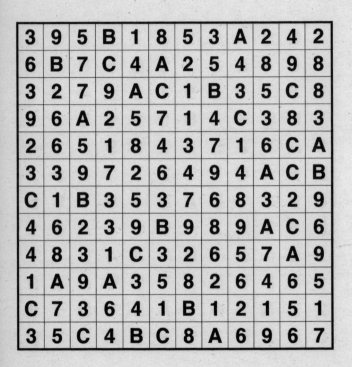

3	9	5	B	1	8	5	3	A	2	4	2
6	B	7	C	4	A	2	5	4	8	9	8
3	2	7	9	A	C	1	B	3	5	C	8
9	6	A	2	5	7	1	4	C	3	8	3
2	6	5	1	8	4	3	7	1	6	C	A
3	3	9	7	2	6	4	9	4	A	C	B
C	1	B	3	5	3	7	6	8	3	2	9
4	6	2	3	9	B	9	8	9	A	C	6
4	8	3	1	C	3	2	6	5	7	A	9
1	A	9	A	3	5	8	2	6	4	6	5
C	7	3	6	4	1	B	1	2	1	5	1
3	5	C	4	B	C	8	A	6	9	6	7

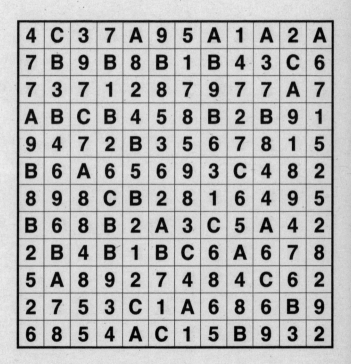

4	C	3	7	A	9	5	A	1	A	2	A
7	B	9	B	8	B	1	B	4	3	C	6
7	3	7	1	2	8	7	9	7	7	A	7
A	B	C	B	4	5	8	B	2	B	9	1
9	4	7	2	B	3	5	6	7	8	1	5
B	6	A	6	5	6	9	3	C	4	8	2
8	9	8	C	B	2	8	1	6	4	9	5
B	6	8	B	2	A	3	C	5	A	4	2
2	B	4	B	1	B	C	6	A	6	7	8
5	A	8	9	2	7	4	8	4	C	6	2
2	7	5	3	C	1	A	6	8	6	B	9
6	8	5	4	A	C	1	5	B	9	3	2

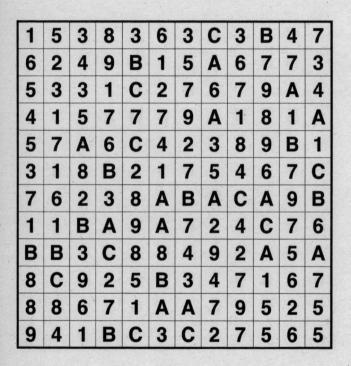

1	5	3	8	3	6	3	C	3	B	4	7
6	2	4	9	B	1	5	A	6	7	7	3
5	3	3	1	C	2	7	6	7	9	A	4
4	1	5	7	7	7	9	A	1	8	1	A
5	7	A	6	C	4	2	3	8	9	B	1
3	1	8	B	2	1	7	5	4	6	7	C
7	6	2	3	8	A	B	A	C	A	9	B
1	1	B	A	9	A	7	2	4	C	7	6
B	B	3	C	8	8	4	9	2	A	5	A
8	C	9	2	5	B	3	4	7	1	6	7
8	8	6	7	1	A	A	7	9	5	2	5
9	4	1	B	C	3	C	2	7	5	6	5

B	E	8	2	C	5	D	7	D	F	D	F	9	A	4	G	1
D	9	7	H	A	8	2	5	C	5	B	4	F	1	6	1	G
6	D	6	H	5	E	F	9	B	C	G	3	7	8	B	A	1
1	9	G	A	G	H	E	H	4	G	4	C	8	H	7	H	2
B	3	E	H	2	B	F	6	A	B	8	B	4	G	1	C	9
8	F	2	4	6	1	C	A	9	7	4	E	5	E	D	9	2
9	2	5	F	3	F	1	F	6	F	2	E	H	C	4	7	A
E	H	9	5	6	2	C	C	9	D	4	8	B	8	3	4	7
A	2	C	E	D	3	E	1	7	6	7	5	H	B	9	2	9
2	7	A	G	H	8	B	8	3	A	F	A	2	D	8	4	5
C	2	F	6	B	A	4	G	E	8	7	1	H	3	4	B	D
F	8	5	B	F	C	9	4	1	4	A	4	6	H	C	5	C
E	1	G	1	8	6	4	4	E	4	7	9	C	F	C	B	3
H	B	5	3	F	6	A	D	1	2	E	7	C	4	8	6	8
G	C	D	H	9	4	6	4	5	H	1	6	E	7	A	3	3
B	5	B	7	E	D	A	C	G	3	9	3	G	2	1	H	6
4	C	H	8	7	8	G	6	F	9	1	2	D	5	5	E	3

Level 4 • Puzzle 78

9	5	F	C	A	H	G	H	4	D	E	8	3	8	1	B	1
3	9	E	9	5	9	2	4	2	C	4	A	4	H	F	D	6
3	7	3	8	E	8	1	F	1	B	9	C	2	C	5	C	A
A	E	9	4	6	4	E	4	7	F	3	C	G	5	F	8	D
1	3	F	2	7	5	H	D	H	6	G	6	E	D	4	A	8
6	G	D	G	1	E	7	4	A	4	C	B	C	F	C	3	2
G	1	F	A	C	9	C	E	H	7	H	6	5	D	8	C	3
6	F	8	C	B	E	3	2	2	4	1	2	A	2	G	7	2
C	1	4	5	D	G	D	A	9	E	F	2	5	8	8	5	7
8	A	F	H	F	E	C	7	3	D	5	D	7	9	6	2	F
H	B	2	5	G	7	6	C	6	F	6	9	6	A	3	D	4
3	6	1	2	8	E	5	7	G	D	2	D	F	B	A	C	E
5	4	6	6	9	F	9	G	5	3	F	H	9	7	E	7	C
3	D	5	F	H	1	B	1	C	2	8	3	4	3	A	9	E
6	E	C	D	2	D	9	3	B	H	F	E	9	1	7	1	B
2	C	H	7	H	B	4	B	6	9	D	5	4	E	A	A	1
4	H	A	E	3	1	9	H	6	8	1	1	B	6	2	6	G

A	H	4	5	D	9	8	9	6	9	F	3	E	B	B	1	G
3	E	B	H	5	H	6	4	E	G	H	F	C	A	8	2	7
A	7	F	C	D	G	5	6	H	8	2	6	6	E	6	D	C
7	D	3	G	A	D	B	D	C	1	C	5	E	3	F	8	6
D	6	E	9	7	4	5	F	2	8	B	4	H	3	9	C	9
C	3	7	3	C	B	4	5	F	5	G	E	D	3	2	8	1
D	A	E	A	4	8	4	H	2	C	7	5	F	1	B	9	G
6	F	7	1	F	C	E	7	4	7	A	H	8	2	9	G	F
5	4	D	E	H	E	3	1	2	A	C	G	7	G	C	6	B
6	B	G	D	F	F	G	A	9	2	C	1	8	A	3	7	C
F	G	2	7	3	7	A	4	B	A	1	6	G	9	D	5	D
4	1	H	2	F	5	C	B	5	6	E	9	3	9	G	7	8
B	C	8	9	1	9	2	E	3	B	H	D	G	6	5	A	4
9	8	9	4	F	E	6	C	7	A	D	A	B	7	7	3	D
B	C	5	8	G	E	7	E	A	E	H	2	6	F	6	D	3
H	5	H	B	D	1	6	G	7	7	3	C	9	C	4	H	F
G	D	C	A	2	A	H	E	8	F	8	8	5	4	5	7	5

Level 4 • Puzzle 80

6	B	9	5	8	B	D	1	4	2	C	7	A	G	9	E	H
9	1	4	E	5	8	5	8	G	A	3	2	7	D	F	6	B
E	B	3	B	6	2	D	D	5	1	5	8	5	9	5	F	H
C	2	4	1	7	9	B	A	D	A	5	2	8	E	G	6	F
7	5	4	C	4	D	4	3	4	E	8	G	A	6	8	1	H
F	3	7	1	C	9	2	A	H	G	6	H	B	E	4	9	8
1	D	5	3	H	7	D	2	9	9	G	B	G	8	E	4	H
G	A	G	6	G	6	7	1	2	C	9	H	3	C	B	C	4
6	D	C	3	H	3	G	8	B	5	E	4	E	A	E	7	H
B	E	B	2	A	F	5	G	D	6	7	H	9	5	C	5	D
8	D	1	G	E	G	9	9	C	F	4	A	4	7	7	2	6
3	C	3	8	3	A	5	4	3	7	D	H	5	1	9	G	2
B	9	A	G	D	6	1	C	8	B	H	F	2	F	2	3	7
2	F	H	4	A	5	9	6	9	8	F	E	D	1	7	B	G
B	6	D	B	1	E	H	C	9	3	G	3	F	3	A	3	7
7	6	B	B	4	H	A	9	A	C	F	C	D	3	7	8	G
5	6	8	F	5	B	3	C	E	4	G	1	H	2	D	A	9

6	2	6	5	6	7	4	4
2	5	8	2	3	6	7	1
1	5	7	3	7	8	8	6
5	1	3	1	4	1	2	1
7	6	7	8	7	5	4	3
3	4	2	4	5	2	6	4
7	3	7	6	6	2	8	5
4	8	1	4	2	3	6	7

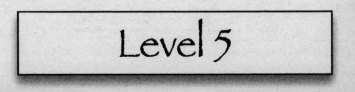

Level 5

6	4	8	2	3	1	7	1
8	3	7	5	1	4	2	1
4	6	3	6	8	6	2	7
2	8	7	6	7	1	5	1
3	4	2	4	1	7	2	5
7	5	7	8	2	3	6	3
8	4	1	4	5	3	2	6
1	2	7	3	6	5	8	4

7	1	7	4	3	5	8	7
3	3	8	2	6	2	5	1
5	6	7	6	3	4	3	8
3	5	6	1	2	1	4	5
2	4	1	8	3	6	7	3
8	5	4	5	7	2	1	6
1	8	1	3	2	7	5	4
4	7	1	7	8	2	6	6

8	7	7	1	7	3	5	7
5	4	2	4	1	7	8	7
3	1	7	2	6	4	5	8
4	5	1	6	8	2	7	3
6	7	4	7	2	7	1	5
2	3	1	5	8	6	3	2
1	2	6	2	4	7	3	1
3	8	3	7	3	5	4	1

1	4	2	7	6	7	3	5
2	3	4	5	3	8	1	3
1	7	3	5	4	5	6	2
5	6	7	4	3	1	2	1
1	5	2	2	7	4	8	3
4	6	8	2	1	7	5	7
1	2	8	6	7	7	8	3
8	6	5	3	2	3	7	4

3	8	3	2	7	7	6	5
6	7	4	8	5	1	3	1
3	1	2	4	1	8	5	6
7	5	6	5	3	5	2	4
5	4	2	8	1	6	1	7
2	6	1	3	4	5	7	8
8	5	8	7	8	2	8	3
3	6	7	3	2	5	4	3

3	7	8	7	1	3	5	2
6	4	2	8	3	5	3	1
8	6	1	7	6	7	4	5
5	2	5	4	5	8	1	7
1	6	5	7	2	6	8	4
5	3	2	1	2	4	7	8
4	7	3	7	8	6	2	4
5	7	4	6	4	2	1	3

3	8	2	8	1	6	6	7
5	4	7	6	5	1	5	3
2	5	1	5	3	6	4	8
6	5	6	7	4	2	1	2
4	1	3	1	8	5	5	1
8	3	6	4	2	7	2	2
1	2	4	2	6	5	7	3
7	1	6	3	2	4	2	5

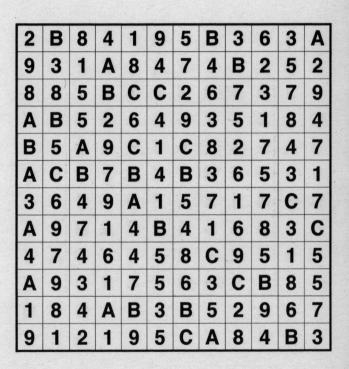

2	B	8	4	1	9	5	B	3	6	3	A
9	3	1	A	8	4	7	4	B	2	5	2
8	8	5	B	C	C	2	6	7	3	7	9
A	B	5	2	6	4	9	3	5	1	8	4
B	5	A	9	C	1	C	8	2	7	4	7
A	C	B	7	B	4	B	3	6	5	3	1
3	6	4	9	A	1	5	7	1	7	C	7
A	9	7	1	4	B	4	1	6	8	3	C
4	7	4	6	4	5	8	C	9	5	1	5
A	9	3	1	7	5	6	3	C	B	8	5
1	8	4	A	B	3	B	5	2	9	6	7
9	1	2	1	9	5	C	A	8	4	B	3

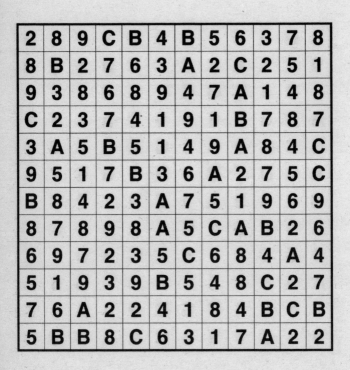

2	8	9	C	B	4	B	5	6	3	7	8
8	B	2	7	6	3	A	2	C	2	5	1
9	3	8	6	8	9	4	7	A	1	4	8
C	2	3	7	4	1	9	1	B	7	8	7
3	A	5	B	5	1	4	9	A	8	4	C
9	5	1	7	B	3	6	A	2	7	5	C
B	8	4	2	3	A	7	5	1	9	6	9
8	7	8	9	8	A	5	C	A	B	2	6
6	9	7	2	3	5	C	6	8	4	A	4
5	1	9	3	9	B	5	4	8	C	2	7
7	6	A	2	2	4	1	8	4	B	C	B
5	B	B	8	C	6	3	1	7	A	2	2

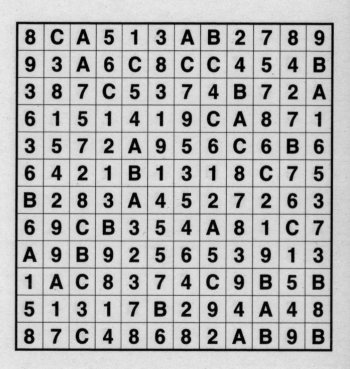

8	C	A	5	1	3	A	B	2	7	8	9
9	3	A	6	C	8	C	C	4	5	4	B
3	8	7	C	5	3	7	4	B	7	2	A
6	1	5	1	4	1	9	C	A	8	7	1
3	5	7	2	A	9	5	6	C	6	B	6
6	4	2	1	B	1	3	1	8	C	7	5
B	2	8	3	A	4	5	2	7	2	6	3
6	9	C	B	3	5	4	A	8	1	C	7
A	9	B	9	2	5	6	5	3	9	1	3
1	A	C	8	3	7	4	C	9	B	5	B
5	1	3	1	7	B	2	9	4	A	4	8
8	7	C	4	8	6	8	2	A	B	9	B

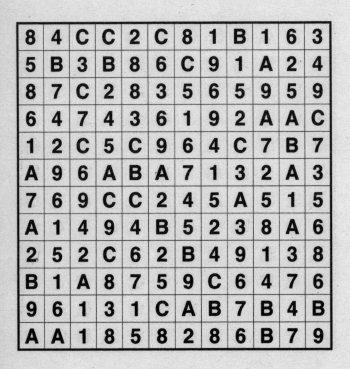

8	4	C	C	2	C	8	1	B	1	6	3
5	B	3	B	8	6	C	9	1	A	2	4
8	7	C	2	8	3	5	6	5	9	5	9
6	4	7	4	3	6	1	9	2	A	A	C
1	2	C	5	C	9	6	4	C	7	B	7
A	9	6	A	B	A	7	1	3	2	A	3
7	6	9	C	C	2	4	5	A	5	1	5
A	1	4	9	4	B	5	2	3	8	A	6
2	5	2	C	6	2	B	4	9	1	3	8
B	1	A	8	7	5	9	C	6	4	7	6
9	6	1	3	1	C	A	B	7	B	4	B
A	A	1	8	5	8	2	8	6	B	7	9

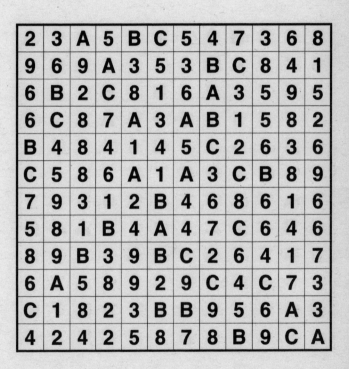

2	3	A	5	B	C	5	4	7	3	6	8
9	6	9	A	3	5	3	B	C	8	4	1
6	B	2	C	8	1	6	A	3	5	9	5
6	C	8	7	A	3	A	B	1	5	8	2
B	4	8	4	1	4	5	C	2	6	3	6
C	5	8	6	A	1	A	3	C	B	8	9
7	9	3	1	2	B	4	6	8	6	1	6
5	8	1	B	4	A	4	7	C	6	4	6
8	9	B	3	9	B	C	2	6	4	1	7
6	A	5	8	9	2	9	C	4	C	7	3
C	1	8	2	3	B	B	9	5	6	A	3
4	2	4	2	5	8	7	8	B	9	C	A

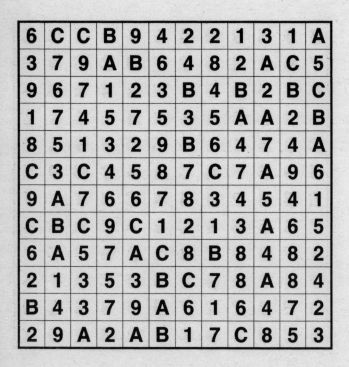

6	C	C	B	9	4	2	2	1	3	1	A
3	7	9	A	B	6	4	8	2	A	C	5
9	6	7	1	2	3	B	4	B	2	B	C
1	7	4	5	7	5	3	5	A	A	2	B
8	5	1	3	2	9	B	6	4	7	4	A
C	3	C	4	5	8	7	C	7	A	9	6
9	A	7	6	6	7	8	3	4	5	4	1
C	B	C	9	C	1	2	1	3	A	6	5
6	A	5	7	A	C	8	B	8	4	8	2
2	1	3	5	3	B	C	7	8	A	8	4
B	4	3	7	9	A	6	1	6	4	7	2
2	9	A	2	A	B	1	7	C	8	5	3

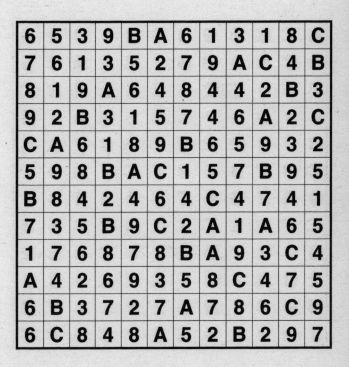

6	5	3	9	B	A	6	1	3	1	8	C
7	6	1	3	5	2	7	9	A	C	4	B
8	1	9	A	6	4	8	4	2	B	3
9	2	B	3	1	5	7	4	6	A	2	C
C	A	6	1	8	9	B	6	5	9	3	2
5	9	8	B	A	C	1	5	7	B	9	5
B	8	4	2	4	6	4	C	4	7	4	1
7	3	5	B	9	C	2	A	1	A	6	5
1	7	6	8	7	8	B	A	9	3	C	4
A	4	2	6	9	3	5	8	C	4	7	5
6	B	3	7	2	7	A	7	8	6	C	9
6	C	8	4	8	A	5	2	B	2	9	7

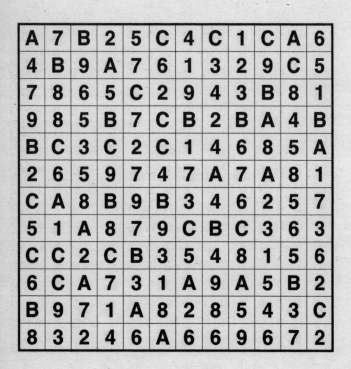

A	7	B	2	5	C	4	C	1	C	A	6
4	B	9	A	7	6	1	3	2	9	C	5
7	8	6	5	C	2	9	4	3	B	8	1
9	8	5	B	7	C	B	2	B	A	4	B
B	C	3	C	2	C	1	4	6	8	5	A
2	6	5	9	7	4	7	A	7	A	8	1
C	A	8	B	9	B	3	4	6	2	5	7
5	1	A	8	7	9	C	B	C	3	6	3
C	C	2	C	B	3	5	4	8	1	5	6
6	C	A	7	3	1	A	9	A	5	B	2
B	9	7	1	A	8	2	8	5	4	3	C
8	3	2	4	6	A	6	6	9	6	7	2

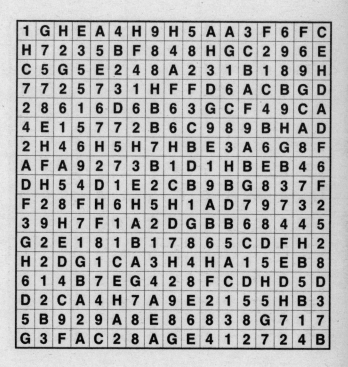

1	G	H	E	A	4	H	9	H	5	A	A	3	F	6	F	C
H	7	2	3	5	B	F	8	4	8	H	G	C	2	9	6	E
C	5	G	5	E	2	4	8	A	2	3	1	B	1	8	9	H
7	7	2	5	7	3	1	H	F	F	D	6	A	C	B	G	D
2	8	6	1	6	D	6	B	6	3	G	C	F	4	9	C	A
4	E	1	5	7	7	2	B	6	C	9	8	9	B	H	A	D
2	H	4	6	H	5	H	7	H	B	E	3	A	6	G	8	F
A	F	A	9	2	7	3	B	1	D	1	H	B	E	B	4	6
D	H	5	4	D	1	E	2	C	B	9	B	G	8	3	7	F
F	2	8	F	H	6	H	5	H	1	A	D	7	9	7	3	2
3	9	H	7	F	1	A	2	D	G	B	B	6	8	4	4	5
G	2	E	1	8	1	B	1	7	8	6	5	C	D	F	H	2
H	2	D	G	1	C	A	3	H	4	H	A	1	5	E	B	8
6	1	4	B	7	E	G	4	2	8	F	C	D	H	D	5	D
D	2	C	A	4	H	7	A	9	E	2	1	5	5	H	B	3
5	B	9	2	9	A	8	E	8	6	8	3	8	G	7	1	7
G	3	F	A	C	2	8	A	G	E	4	1	2	7	2	4	B

Level 5 • Puzzle 98

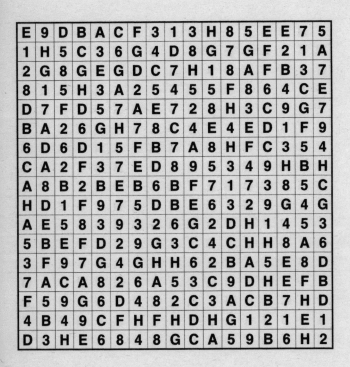

E	9	D	B	A	C	F	3	1	3	H	8	5	E	E	7	5
1	H	5	C	3	6	G	4	D	8	G	7	G	F	2	1	A
2	G	8	G	E	G	D	C	7	H	1	8	A	F	B	3	7
8	1	5	H	3	A	2	5	4	5	5	F	8	6	4	C	E
D	7	F	D	5	7	A	E	7	2	8	H	3	C	9	G	7
B	A	2	6	G	H	7	8	C	4	E	4	E	D	1	F	9
6	D	6	D	1	5	F	B	7	A	8	H	F	C	3	5	4
C	A	2	F	3	7	E	D	8	9	5	3	4	9	H	B	H
A	8	B	2	B	E	B	6	B	F	7	1	7	3	8	5	C
H	D	1	F	9	7	5	D	B	E	6	3	2	9	G	4	G
A	E	5	8	3	9	3	2	6	G	2	D	H	1	4	5	3
5	B	E	F	D	2	9	G	3	C	4	C	H	H	8	A	6
3	F	9	7	G	4	G	H	H	6	2	B	A	5	E	8	D
7	A	C	A	8	2	6	A	5	3	C	9	D	H	E	F	B
F	5	9	G	6	D	4	8	2	C	3	A	C	B	7	H	D
4	B	4	9	C	F	H	F	H	D	H	G	1	2	1	E	1
D	3	H	E	6	8	4	8	G	C	A	5	9	B	6	H	2

Level 5 • Puzzle 99

F	B	6	6	C	1	4	2	7	A	B	C	G	4	3	4	E
H	4	2	8	C	F	1	F	2	D	3	5	4	A	E	7	6
F	2	1	1	H	8	A	E	4	8	G	9	7	9	6	C	3
G	A	A	F	A	H	5	B	F	3	2	7	4	1	9	B	5
F	5	8	B	2	6	C	9	6	1	9	3	D	7	A	4	G
4	9	6	3	5	3	B	8	D	2	F	2	H	2	C	A	1
F	3	8	2	1	F	7	1	5	G	9	4	D	E	8	6	B
6	3	G	D	D	F	5	5	2	C	E	H	8	5	1	B	A
5	E	4	C	8	G	2	9	A	7	A	B	6	F	6	D	C
A	1	E	7	C	4	B	6	3	C	8	H	9	5	2	F	2
C	7	7	4	B	8	6	G	A	8	A	E	3	E	F	D	H
A	C	9	H	6	2	G	2	8	C	7	G	5	D	B	E	3
9	G	A	1	E	C	F	3	4	6	4	A	G	8	G	2	D
A	6	F	D	9	D	E	D	H	C	1	G	2	B	5	A	3
3	F	C	5	7	E	F	A	4	B	H	4	6	1	4	8	D
A	9	D	9	6	9	3	2	E	9	5	G	1	G	8	G	7
7	6	C	A	7	5	8	4	B	4	H	1	6	3	4	D	D

Level 5 • Puzzle 100

9	A	4	1	2	C	5	A	9	B	F	7	F	D	6	E	G
4	H	5	7	6	3	A	3	G	D	9	D	E	F	B	1	E
1	7	F	1	E	1	5	1	9	6	G	1	4	8	A	8	B
8	9	H	A	7	D	A	2	3	1	3	C	E	3	B	5	F
3	4	3	6	5	6	B	F	7	H	E	A	G	2	H	C	H
E	D	G	D	7	6	C	H	C	F	1	2	1	A	3	5	7
3	C	3	9	H	B	1	F	D	H	6	A	8	B	7	B	7
2	F	A	8	4	B	G	6	8	E	C	H	5	7	3	5	9
7	6	8	5	7	4	9	7	1	3	H	E	F	E	8	D	8
B	F	1	8	A	7	A	D	A	C	A	3	H	9	5	5	A
C	E	5	5	D	4	F	7	2	3	8	G	9	G	H	6	H
G	5	9	B	7	A	4	E	5	2	C	8	H	4	1	4	D
D	5	6	A	1	8	E	8	3	4	A	B	2	C	H	G	5
7	2	7	E	B	G	4	5	4	A	D	6	C	3	9	3	1
6	5	2	D	3	G	D	8	G	9	4	9	B	H	B	7	A
2	3	B	C	8	H	5	9	5	9	D	4	A	2	E	2	6
5	G	D	4	F	4	3	C	G	8	2	6	7	1	4	H	A

Level 5 • Puzzle 101

E	A	F	E	9	1	9	6	5	1	H	G	9	2	A	G	4
2	1	6	C	B	F	4	1	H	G	8	7	9	D	9	A	5
E	E	A	4	3	4	8	7	5	2	2	1	A	5	D	B	D
D	E	7	8	G	G	1	2	F	4	5	C	B	H	3	A	6
H	C	F	2	A	2	D	E	4	6	7	5	1	G	G	8	G
C	B	1	3	F	3	G	2	D	E	D	6	D	C	5	5	1
B	B	D	G	C	A	F	4	G	6	6	5	7	9	8	9	E
A	D	8	G	9	H	E	H	7	H	1	H	H	B	5	6	E
8	3	4	1	B	C	F	A	G	9	6	3	E	D	B	D	H
3	4	H	B	1	1	C	F	9	D	E	E	8	A	5	2	7
1	F	5	F	D	9	7	G	E	3	4	2	A	F	C	F	8
F	G	H	D	4	8	6	8	B	8	A	3	5	E	2	E	9
4	2	1	7	G	5	7	C	E	B	D	9	3	6	A	G	F
7	6	G	6	H	8	B	9	3	8	9	A	B	E	5	C	4
4	8	1	9	7	B	7	3	6	A	6	E	F	7	H	7	C
4	7	E	7	6	8	A	5	1	7	B	4	C	G	5	3	4
9	F	B	F	2	3	2	1	2	H	6	G	6	8	6	4	A

Step-by-step solutions to each puzzle are available
from the author's website at www.hitori.org.uk.

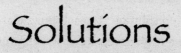

Solutions

Solutions

1	2	4	4
2	3	1	3
4	1	4	2
3	1	2	1

1

4	1	4	2
3	4	1	2
4	2	4	3
1	2	2	4

2

Solutions

4	2	1	2
1	4	4	3
3	2	4	1
2	2	3	2

3

1	4	5	4	4
3	2	1	4	5
4	1	3	5	3
3	3	1	1	2
5	1	2	3	3

4

Solutions

1	5	2	4	3
2	5	1	5	4
3	2	3	4	3
5	1	3	1	2
3	3	4	2	4

5

1	2	3	5	1
3	1	4	2	5
4	3	3	1	3
5	5	1	2	4
5	4	3	3	3

6

Solutions

5	2	2	3	1	3
2	3	1	4	6	2
4	2	6	5	3	1
3	5	4	6	5	4
4	6	3	5	2	1
1	2	4	3	4	6

7

2	1	1	4	3	3
3	2	1	3	6	4
1	5	6	5	2	3
6	4	1	2	5	3
6	6	2	6	4	3
4	3	1	5	1	2

8

Solutions

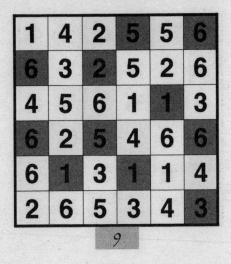

9

1	4	2	5	5	6
6	3	2	5	2	6
4	5	6	1	1	3
6	2	5	4	6	6
6	1	3	1	1	4
2	6	5	3	4	3

10

2	1	2	5	2	3
1	6	5	6	3	2
4	5	4	1	2	1
6	4	3	2	1	5
3	5	2	4	5	4
4	3	1	4	5	6

Solutions

1	3	5	6	5	4
3	5	6	2	1	3
4	1	5	3	5	6
5	1	3	2	6	2
4	6	5	5	4	1
6	2	4	2	5	2

11

5	1	5	6	5	4
6	5	3	2	4	5
6	3	4	4	1	2
1	2	6	2	3	5
2	6	4	5	5	1
4	2	2	2	6	3

12

Solutions

6	4	8	2	2	6	3
3	7	2	5	6	5	4
7	5	4	5	1	5	6
7	5	7	3	6	4	2
4	5	6	7	7	3	1
6	1	3	7	4	6	2
2	3	2	4	2	7	1

13

3	2	4	1	1	4	4
1	3	7	2	4	5	6
3	7	1	4	1	3	1
7	3	4	6	3	5	2
4	5	1	2	6	7	7
3	6	3	7	6	1	4
4	1	2	5	7	3	3

14

Solutions

2	4	6	7	6	5	6
4	6	3	3	1	7	4
5	2	1	3	4	7	6
4	1	2	1	5	2	3
3	5	3	4	3	1	3
4	1	7	1	3	2	5
1	3	5	2	4	6	4

15

4	2	3	6	4	5	4
5	5	2	5	3	3	1
2	7	3	4	6	1	3
4	6	7	1	5	2	5
4	5	3	2	7	1	6
6	5	4	7	2	3	2
4	3	1	3	2	4	2

16

Solutions

2	7	3	5	3	2	3
3	2	7	6	4	7	1
5	3	7	1	2	4	2
6	4	2	6	7	5	1
1	5	6	4	6	3	7
6	5	4	2	1	7	1
2	6	5	6	3	6	4

17

2	4	5	1	5	3	6
5	3	1	7	6	2	4
2	7	1	6	1	5	1
3	6	4	7	7	2	5
2	5	2	4	2	7	6
7	4	6	7	3	2	1
2	1	6	3	5	4	6

18

Solutions

7	6	1	3	4	1	2
3	5	6	2	1	7	7
7	4	3	5	3	6	3
5	2	4	7	6	7	1
6	2	6	1	6	3	4
4	7	1	7	5	2	7
6	1	6	4	3	7	6

19

1	3	2	6	5	3	6
6	6	7	1	2	4	3
2	5	4	5	1	6	7
6	4	6	2	6	1	3
5	5	1	5	4	6	2
6	2	3	7	7	5	7
4	5	6	5	3	7	1

20

Solutions

5	5	1	2	4	4	6
5	1	6	4	6	3	7
7	5	2	3	4	1	6
5	7	6	1	2	7	4
4	2	3	2	5	6	1
2	3	6	5	7	4	2
1	6	6	7	1	2	1

21

3	3	2	7	6	1	7
1	4	1	6	5	2	3
3	3	7	3	6	3	1
4	2	5	1	7	6	7
2	5	6	5	3	7	4
1	6	1	2	5	4	5
6	5	3	5	1	7	7

22

Solutions

4	5	7	5	1	6	6
1	6	4	7	3	5	4
2	4	1	4	5	4	6
6	4	5	1	3	2	7
3	2	2	2	4	1	5
7	2	3	6	3	4	3
6	7	6	2	3	1	3

23

1	1	4	7	7	6	3
1	6	1	3	5	7	4
7	4	2	6	1	4	5
4	2	4	1	5	6	7
2	5	6	5	4	1	7
4	3	5	7	6	6	2
2	7	5	5	5	3	1

24

Solutions

7	6	7	3	7	4	3
3	6	6	1	7	5	2
5	2	4	4	3	1	6
1	3	7	5	6	2	4
2	4	2	5	2	7	1
6	3	1	5	4	6	7
4	7	5	6	1	2	3

25

1	5	4	1	6	1	3	1
3	4	8	4	5	7	7	2
7	3	6	5	4	1	8	1
6	6	2	3	2	4	4	8
4	3	7	5	5	8	2	6
5	7	3	1	8	1	4	1
6	8	1	7	5	3	1	4
5	2	1	2	7	6	1	3

26

Solutions

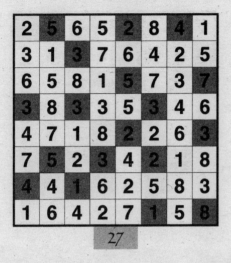

2	5	6	5	2	8	4	1
3	1	3	7	6	4	2	5
6	5	8	1	5	7	3	7
3	8	3	3	5	3	4	6
4	7	1	8	2	2	6	3
7	5	2	3	4	2	1	8
4	4	1	6	2	5	8	3
1	6	4	2	7	1	5	8

27

1	6	2	3	8	8	5	7
8	4	7	2	3	1	6	5
6	2	5	2	4	2	2	3
1	6	1	3	1	8	1	5
3	2	4	6	5	2	8	6
8	3	3	8	7	5	7	1
7	8	3	5	6	2	4	4
2	5	1	1	7	4	7	2

28

Solutions

1	7	8	3	2	6	5	6
2	4	6	1	5	1	3	8
8	8	7	6	5	3	2	5
4	6	2	1	8	7	7	3
4	8	3	5	3	1	6	3
6	2	4	2	7	2	1	2
2	3	3	4	3	8	6	7
6	5	3	7	1	4	8	6

29

3	1	7	3	4	8	8	5
2	6	4	6	5	6	1	3
7	3	7	4	7	6	8	6
4	5	6	6	8	2	8	1
5	8	7	5	2	6	3	6
1	5	3	6	6	7	4	8
3	4	2	1	2	5	2	7
8	2	1	6	3	7	5	2

30

Solutions

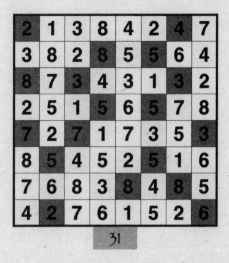

2	1	3	8	4	2	4	7
3	8	2	8	5	5	6	4
8	7	3	4	3	1	3	2
2	5	1	5	6	5	7	8
7	2	7	1	7	3	5	3
8	5	4	5	2	5	1	6
7	6	8	3	8	4	8	5
4	2	7	6	1	5	2	6

31

8	1	6	4	6	3	6	2
4	8	2	4	5	6	7	4
5	7	6	6	3	4	3	1
4	1	3	7	2	6	8	5
6	2	4	1	3	5	3	3
2	3	7	3	1	7	4	5
1	5	4	2	3	8	1	7
7	6	8	5	4	1	3	2

32

Solutions

33

7	5	6	3	6	4	2	4
5	2	6	2	7	3	8	4
7	3	8	5	2	6	7	1
4	6	5	6	1	6	7	8
8	6	8	1	2	7	4	8
2	4	1	2	8	4	3	7
8	1	5	7	5	2	5	5
1	8	3	2	5	4	6	7

34

7	2	3	6	3	5	3	4
6	1	8	4	7	6	5	8
7	5	6	1	2	8	6	3
5	4	7	4	4	1	2	8
7	8	6	3	2	1	4	1
4	3	3	8	1	2	6	7
7	6	5	2	5	4	8	1
8	3	2	8	5	7	3	6

Solutions

35

36

Solutions

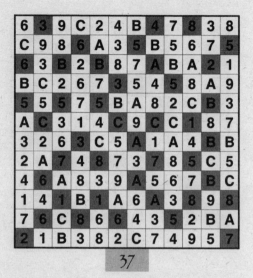

37

38

Solutions

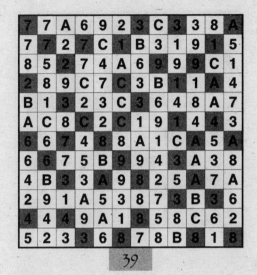

39

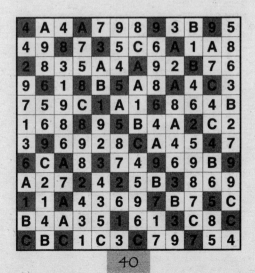

40

Solutions

6	1	6	4	6	3	5	8
7	2	8	7	1	5	6	3
5	4	4	1	4	7	3	2
1	8	7	1	2	1	5	3
5	5	3	2	3	8	1	7
8	6	1	6	7	1	4	3
4	7	3	8	4	6	3	5
2	4	3	6	5	4	7	4

41

3	5	6	2	6	8	7	1
6	1	5	3	4	2	8	2
2	2	7	8	5	6	5	7
8	1	7	4	2	2	6	4
3	7	5	1	6	4	6	5
5	5	3	6	7	2	1	4
4	6	2	3	3	1	3	8
6	4	8	5	8	2	3	2

42

Solutions

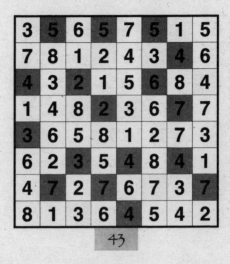

43

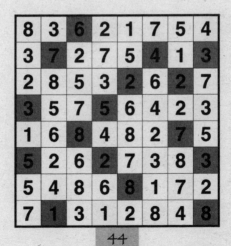

44

Solutions

45

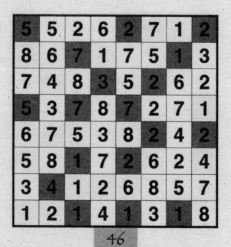

46

Solutions

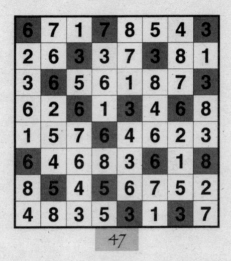

6	7	1	7	8	5	4	3
2	6	3	3	7	3	8	1
3	6	5	6	1	8	7	3
6	2	6	1	3	4	6	8
1	5	7	6	4	6	2	3
6	4	6	8	3	6	1	8
8	5	4	5	6	7	5	2
4	8	3	5	3	1	3	7

47

4	3	3	7	1	7	5	7
8	7	2	5	8	6	1	3
5	4	1	7	3	8	2	7
8	5	8	6	7	4	1	2
2	1	5	8	8	7	6	7
8	4	6	2	6	3	1	5
3	2	7	2	5	8	4	8
8	6	7	3	2	5	1	1

48

Solutions

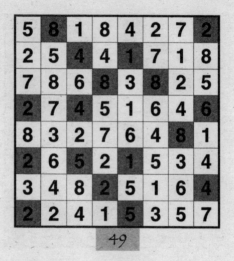

5	8	1	8	4	2	7	2
2	5	4	4	1	7	1	8
7	8	6	8	3	8	2	5
2	7	4	5	1	6	4	6
8	3	2	7	6	4	8	1
2	6	5	2	1	5	3	4
3	4	8	2	5	1	6	4
2	2	4	1	5	3	5	7

49

3	1	5	4	6	2	4	8
6	7	8	7	1	3	5	4
7	4	5	1	6	5	8	3
8	7	2	7	3	6	1	4
1	5	5	2	6	8	4	7
5	7	4	3	2	1	8	1
1	8	6	3	5	7	5	2
2	7	7	7	8	1	3	1

50

Solutions

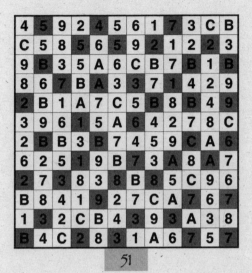

4	5	9	2	4	5	6	1	7	3	C	B
C	5	8	5	6	5	9	2	1	2	2	3
9	B	3	5	A	6	C	B	7	B	1	B
8	6	7	B	A	3	3	7	1	4	2	9
2	B	1	A	7	C	5	B	8	B	4	9
3	9	6	1	5	A	6	4	2	7	8	C
2	B	B	3	B	7	4	5	9	C	A	6
6	2	5	1	9	B	7	3	A	8	A	7
2	7	3	8	3	8	B	8	5	C	9	6
B	8	4	1	9	2	7	C	A	7	6	7
1	3	2	C	B	4	3	9	3	A	3	8
B	4	C	2	8	3	1	A	6	7	5	7

51

3	A	8	6	8	9	8	8	C	5	3	1
1	3	5	2	B	3	1	C	1	7	A	6
A	6	5	B	2	C	1	2	8	5	7	3
B	7	A	7	3	7	4	7	4	9	C	8
6	8	3	1	2	A	1	5	4	C	B	9
9	3	6	4	2	B	3	1	2	8	A	7
7	1	C	6	5	6	B	6	3	6	4	9
5	3	7	A	2	8	3	9	2	4	1	2
3	C	1	8	4	5	2	3	A	7	9	B
4	2	8	C	B	1	1	B	9	3	5	C
7	9	B	9	7	4	A	4	6	4	2	3
2	3	8	5	6	4	1	A	9	B	4	C

52

Solutions

C	A	A	5	B	1	B	2	4	9	6	6
5	B	C	B	C	6	A	6	7	4	3	9
9	5	A	8	3	2	7	8	6	1	4	B
7	C	5	C	9	4	8	B	3	B	2	9
3	1	3	3	9	3	B	6	B	2	5	7
4	C	6	1	9	7	8	C	B	C	9	A
1	2	6	8	4	8	1	9	A	3	6	7
B	3	8	2	A	5	7	7	2	A	1	C
1	8	2	2	6	2	5	4	C	7	C	3
6	9	1	9	5	C	3	5	8	A	4	2
1	3	2	6	7	9	C	5	1	8	7	3
6	B	4	A	8	A	2	A	9	5	A	5

53

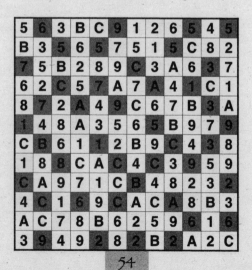

5	6	3	B	C	9	1	2	6	5	4	5
B	3	5	6	5	7	5	1	5	C	8	2
7	5	B	2	8	9	C	3	A	6	3	7
6	2	C	5	7	A	7	A	4	1	C	1
8	7	2	A	4	9	C	6	7	B	3	A
1	4	8	A	3	5	6	5	B	9	7	9
C	B	6	1	1	2	B	9	C	4	3	8
1	8	8	C	A	C	4	C	3	9	5	9
C	A	9	7	1	C	B	4	8	2	3	2
4	C	1	6	9	C	A	C	A	8	B	3
A	C	7	8	B	6	2	5	9	6	1	6
3	9	4	9	2	8	2	B	2	A	2	C

54

Solutions

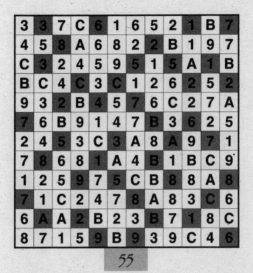

55

56

Solutions

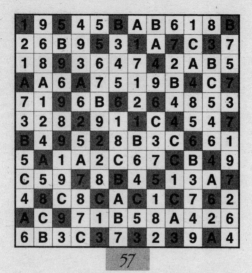

57

58

Solutions

5	5	7	5	2	4	5	C	6	B	1	1
5	5	2	3	8	7	7	7	9	7	A	C
B	3	A	A	5	9	1	6	B	2	4	4
1	1	4	2	7	C	6	7	B	9	9	A
7	2	3	B	B	3	4	A	1	9	8	4
8	A	6	B	B	7	4	7	5	7	C	7
1	4	1	5	1	B	3	3	3	C	7	6
6	9	8	8	C	7	5	7	3	7	2	7
9	C	1	6	1	8	3	5	3	A	B	7
A	5	5	C	9	6	B	4	2	8	2	1
1	8	1	A	1	2	B	9	C	5	6	3
C	5	9	1	A	5	B	2	2	6	2	8

59

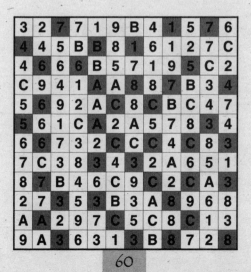

3	2	7	7	1	9	B	4	1	5	7	6
4	4	5	B	B	8	1	6	1	2	7	C
4	6	6	6	B	5	7	1	9	5	C	2
C	9	4	1	A	A	8	8	7	B	3	4
5	6	9	2	A	C	8	C	B	C	4	7
5	6	1	C	A	2	A	5	7	8	3	4
6	6	7	3	2	C	C	C	4	C	8	3
7	C	3	8	3	4	3	2	A	6	5	1
8	7	B	4	6	C	9	C	2	C	A	3
2	7	3	5	3	B	3	A	8	9	6	8
A	A	2	9	7	C	5	C	8	C	1	3
9	A	3	6	3	1	3	B	8	7	2	8

60

Solutions

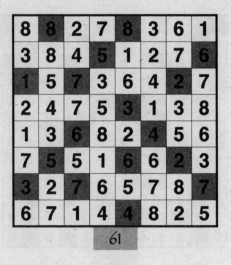

8	8	2	7	8	3	6	1
3	8	4	5	1	2	7	6
1	5	7	3	6	4	2	7
2	4	7	5	3	1	3	8
1	3	6	8	2	4	5	6
7	5	5	1	6	6	2	3
3	2	7	6	5	7	8	7
6	7	1	4	4	8	2	5

61

8	1	5	7	8	4	2	3
7	7	6	8	2	5	3	1
3	4	3	6	3	7	3	5
6	7	3	8	7	5	4	1
5	7	8	1	6	2	3	4
5	8	4	2	5	3	7	6
2	3	2	4	1	6	1	7
4	5	1	5	8	5	6	5

62

Solutions

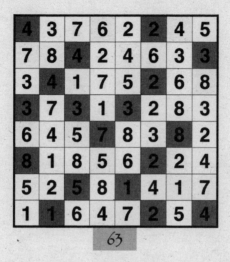

4	3	7	6	2	2	4	5
7	8	4	2	4	6	3	3
3	4	1	7	5	2	6	8
3	7	3	1	3	2	8	3
6	4	5	7	8	3	8	2
8	1	8	5	6	2	2	4
5	2	5	8	1	4	1	7
1	1	6	4	7	2	5	4

63

3	7	8	4	6	2	1	2
8	4	1	5	2	5	6	6
7	3	2	8	1	6	3	5
3	8	3	5	4	1	7	1
5	2	7	2	1	3	3	8
4	1	3	7	5	4	8	6
2	6	4	6	8	8	6	3
8	6	3	1	7	1	4	1

64

Solutions

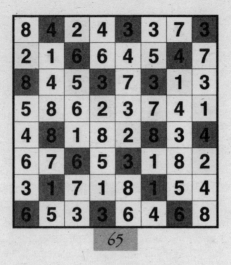

8	4	2	4	3	3	7	3
2	1	6	6	4	5	4	7
8	4	5	3	7	3	1	3
5	8	6	2	3	7	4	1
4	8	1	8	2	8	3	4
6	7	6	5	3	1	8	2
3	1	7	1	8	1	5	4
6	5	3	3	6	4	6	8

8	7	5	6	2	5	1	4
2	6	3	5	1	4	4	8
2	1	2	2	8	6	7	3
7	6	6	4	1	3	8	5
3	6	1	3	7	2	5	3
4	5	4	8	4	1	6	7
1	6	7	3	5	2	4	2
6	4	6	7	3	5	3	1

Solutions

67

1	2	5	2	7	8	3	8
4	8	7	2	5	6	4	3
6	1	8	1	4	1	2	1
4	5	6	3	1	1	4	7
7	1	4	2	2	5	8	3
4	6	1	7	1	3	1	4
3	4	1	2	8	5	6	5
4	7	3	8	3	2	4	6

68

8	1	2	8	5	8	6	3
5	2	6	3	4	7	5	4
3	8	1	8	6	8	5	7
6	4	6	2	3	3	7	1
7	8	2	4	1	8	3	5
8	5	8	1	8	4	7	6
4	7	3	5	2	5	8	5
8	3	4	6	4	2	4	8

Solutions

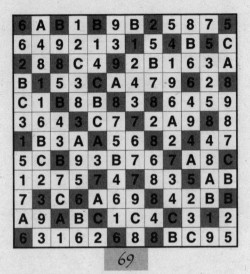

69

70

Solutions

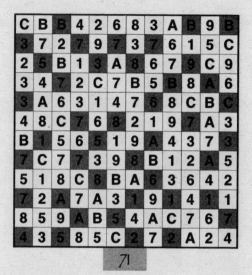

71

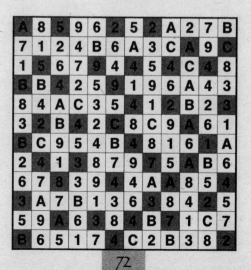

72

Solutions

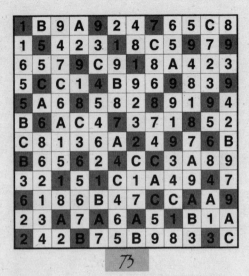

1	B	9	A	9	2	4	7	6	5	C	8
1	5	4	2	3	1	8	C	5	9	7	9
6	5	7	9	C	9	1	8	A	4	2	3
5	C	C	1	4	B	9	6	9	8	3	9
5	A	6	8	5	8	2	8	9	1	9	4
B	6	A	C	4	7	3	7	1	8	5	2
C	8	1	3	6	A	2	4	9	7	6	B
B	6	5	6	2	4	C	C	3	A	8	9
3	2	1	5	1	C	1	A	4	9	4	7
6	1	8	6	B	4	7	C	C	A	A	9
2	3	A	7	A	6	A	5	1	B	1	A
2	4	2	B	7	5	B	9	8	3	3	C

73

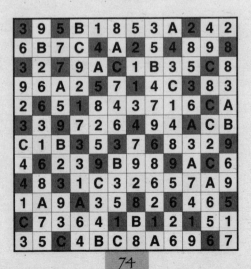

3	9	5	B	1	8	5	3	A	2	4	2
6	B	7	C	4	A	2	5	4	8	9	8
3	2	7	9	A	C	1	B	3	5	C	8
9	6	A	2	5	7	1	4	C	3	8	3
2	6	5	1	8	4	3	7	1	6	C	A
3	3	9	7	2	6	4	9	4	A	C	B
C	1	B	3	5	3	7	6	8	3	2	9
4	6	2	3	9	B	9	8	9	A	C	6
4	8	3	1	C	3	2	6	5	7	A	9
1	A	9	A	3	5	8	2	6	4	6	5
C	7	3	6	4	1	B	1	2	1	5	1
3	5	C	4	B	C	8	A	6	9	6	7

74

Solutions

75

76

Solutions

77

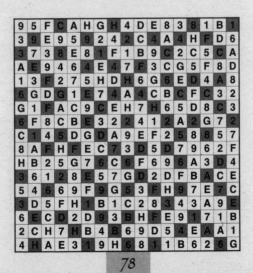

78

Solutions

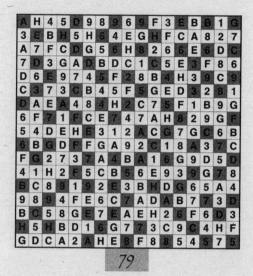

79

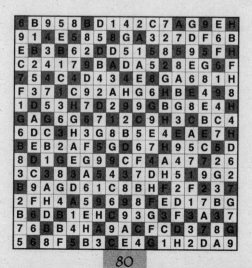

80

Solutions

81

6	2	6	5	6	7	4	4
2	5	8	2	3	6	7	1
1	5	7	3	7	8	8	6
5	1	3	1	4	1	2	1
7	6	7	8	7	5	4	3
3	4	2	4	5	2	6	4
7	3	7	6	6	2	8	5
4	8	1	4	2	3	6	7

82

6	4	8	2	3	1	7	1
8	3	7	5	1	4	2	1
4	6	3	6	8	6	2	7
2	8	7	6	7	1	5	1
3	4	2	4	1	7	2	5
7	5	7	8	2	3	6	3
8	4	1	4	5	3	2	6
1	2	7	3	6	5	8	4

Solutions

7	1	7	4	3	5	8	7
3	3	8	2	6	2	5	1
5	6	7	6	3	4	3	8
3	5	6	1	2	1	4	5
2	4	1	8	3	6	7	3
8	5	4	5	7	2	1	6
1	8	1	3	2	7	5	4
4	7	1	7	8	2	6	6

83

8	7	7	1	7	3	5	7
5	4	2	4	1	7	8	7
3	1	7	2	6	4	5	8
4	5	1	6	8	2	7	3
6	7	4	7	2	7	1	5
2	3	1	5	8	6	3	2
1	2	6	2	4	7	3	1
3	8	3	7	3	5	4	1

84

Solutions

85

86

Solutions

87

3	7	8	7	1	3	5	2
6	4	2	8	3	5	3	1
8	6	1	7	6	7	4	5
5	2	5	4	5	8	1	7
1	6	5	7	2	6	8	4
5	3	2	1	2	4	7	8
4	7	3	7	8	6	2	4
5	7	4	6	4	2	1	3

88

3	8	2	8	1	6	6	7
5	4	7	6	5	1	5	3
2	5	1	5	3	6	4	8
6	5	6	7	4	2	1	2
4	1	3	1	8	5	5	1
8	3	6	4	2	7	2	2
1	2	4	2	6	5	7	3
7	1	6	3	2	4	2	5

Solutions

89

90

Solutions

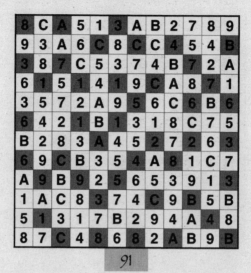

91

92

Solutions

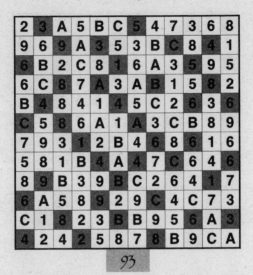

93

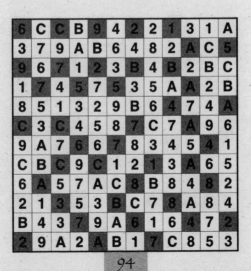

94

Solutions

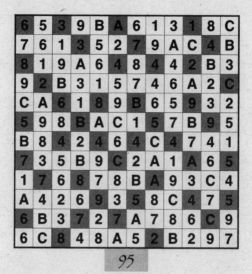

95

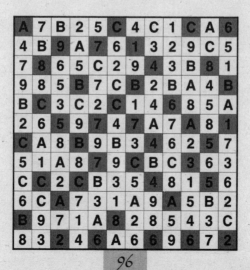

96

Solutions

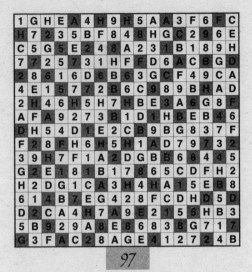

97

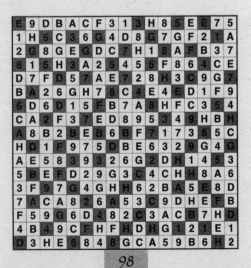

98

Solutions

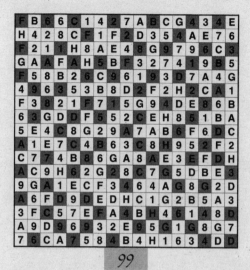

99

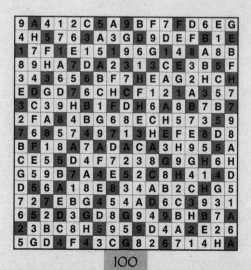

100

Solutions

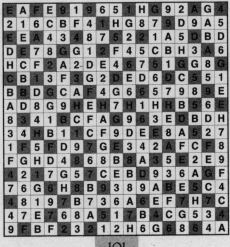

101

For more mind-bending number puzzles, try the
following books on the next few pages.

All Michael O'Mara titles are available by post from:
Bookpost, PO Box 29,
Douglas, Isle of Man, IM99 1BQ
Credit cards accepted
Telephone: 01624 677237 Fax: 01624 670923
Email: bookshop@enterprise.net
Internet: www.bookpost.co.uk
Free postage and packing in the UK

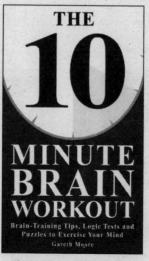

The 10-Minute Brain Workout
Gareth Moore
ISBN 1-84317-217-8 £5.99

The Little Book of Sudoku
Pete Sinden
ISBN 1-84317-179-1 £3.99

*The Little Book of Sudoku
Volume Two*
Pete Sinden
ISBN 1-84317-180-5 £3.99

*The Little Book of Advanced
Sudoku Volume Three*
Alastair Chisholm
ISBN 1-84317-183-X £3.99

*The Little Book of
Quick Sudoku*
Alastair Chisholm
ISBN 1-84317-187-2 £3.99

The Kids' Book of Sudoku!
Alastair Chisholm
ISBN 1-905158-24-6 £3.99

The Kids' Book of Sudoku! 2
Alastair Chisholm
ISBN 1-905158-29-7 £3.99

The Kids' Book of Kakuro
Gareth Moore
ISBN 1-905158-33-5 £3.99

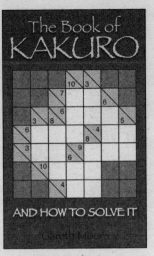

The Book of Kakuro:
And How To Solve It
Gareth Moore
ISBN 1-84317-200-3 £4.99

Quick Kakuro:
And How To Solve It
Gareth Moore
ISBN 1-84317-211-9 £4.99

The Book of Japanese Puzzles:
And How To Solve Them
Gareth Moore
ISBN 1-84317-202-X £5.99

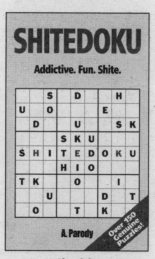

Shitedoku
A. Parody
ISBN 1-84317-182-1 £3.99

The Book of Hanjie:
And How To Solve It
Gareth Moore
ISBN 1-84317-206-2 £4.99

The Kids' Book of Hanjie
Gareth Moore
ISBN 1-905158-40-8 £3.99